El día de
Mi Primera Comunión

Fecha de la Ceremonia: ....

Lugar de la Ceremonia: ....

Hora de la Ceremonia: ....

Indice de las Oraciones

1. Señal de la Cruz.

2. Querido Jesús.

3. Padre Nuestro.

4. Oración al Ángel de la Guarda

5. Ave María.

6. Gloria Al Padre.

7. Acto de Contricion.

8. Alma de Cristo.

Señal de la Cruz

Por la Señal de la
santa cruz de nuestros
enemigos líbranos
Señor, Dios nuestro.
En el Nombre del Padre,
del Hijo y del Espíritu Santo.

Amén

Querido Jesús, en este día
tan especial de nuestra
Primera Comunión,
en que vienes con el pan
de los ángeles a vivir a
mi alma, quiero darte
las gracias y pedirte que
me guardes siempre
en tu corazón.

Amén

Padre Nuestro

Padre nuestro que estás en el cielo,
santificado se tu Nombre,
venga a nosotros tu Reino,
hágase Tu voluntad en la tierra
como en el cielo.
Danos hoy nuestro pan de cada día,
perdona nuestras ofensas
como también nosotros perdonamos
a los que nos ofended,
no nos dejes caer en la tentación,
y libranos del mal.
Amén

Oración al Ángel de la Guarda

Ángel de mi Guarda, Mi dulce compañía, no me desampares ni de noche ni de día.
No me dejes solo que me perdería,
Ni vivir, ni morir en pecado mortal.
Jesús en la vida,
Jesús en la muerte,
Jesús para siempre.
Amén

Ave María

Dios te salve, María, llena eres de gracia; el Señor es contigo. Bendita tu eres entre todas las mujeres, y bendito es el fruto de tu vientre, Jesús.
Santa María, Madre de Dios, ruega por nosotros, pecadores, ahora y en la hora de nuestra muerte.

Amén

Gloria Al Padre

Gloria al Padre y al Hijo
y al Espíritu Santo.
Como era en el principio
ahora y siempre,
por los siglos de los siglos.

Amén

Acto de Contricion

Dios mío, con todo mi corazón
me arrepiento de todo el mal
que he hecho y de todo lo
bueno que he dejado de hacer.
Propongo firmemente con la
ayuda de tu gracia, hacer penitencia,
no volver a pecar y huir de las
ocasiones de pecado.

Amén

Alma de Cristo

Alma de Cristo, santifícame.
Cuerpo de Cristo, sálvame.
Sangre de Cristo, embriágame.
Agua del costado de Cristo, lávame.
Pasión de Cristo, confórtame.
¡Oh, buen Jesús!, óyeme.
Dentro de tus llagas, escóndeme.
No permitas que me aparte de Ti.
Del maligno enemigo, defiéndeme.
En la hora de mi muerte, llámame.
Y mándame ir a Ti.
Para que con tus santos te alabe.
Por los siglos de los siglos.
Amén

Mis Oraciones Personales

Mis Oraciones Personales

Mis Oraciones Personales

Mis Oraciones Personales

Mis Oraciones Personales

Mis Oraciones Personales

Mis Oraciones Personales

Mis Oraciones Personales

Mis Oraciones Personales

Mis Oraciones Personales

Mis Oraciones Personales

Mis Oraciones Personales

Mis Oraciones Personales

Mis Oraciones Personales

Mis Oraciones Personales

Mis Oraciones Personales

Mis Oraciones Personales

Mis Oraciones Personales

Mis Oraciones Personales

Mis Oraciones Personales

Oraciones para la Familia y Amigos

Dibuja una Imagen

Oraciones para la Familia y Amigos

Dibuja una Imagen

Oraciones para la Familia y Amigos

Dibuja una Imagen

Oraciones para la Familia y Amigos

Dibuja una Imagen

Oraciones para la Familia y Amigos

Dibuja una Imagen

Oraciones para la Familia y Amigos

Dibuja una Imagen

Oraciones para la Familia y Amigos

Dibuja una Imagen

Oraciones para la Familia y Amigos

Dibuja una Imagen

Oraciones para la Familia y Amigos

Dibuja una Imagen

Oraciones para la Familia y Amigos

Dibuja una Imagen

Oraciones para la Familia y Amigos

Dibuja una Imagen

Oraciones para la Familia y Amigos

Dibuja una Imagen

Oraciones para la Familia y Amigos

Dibuja una Imagen

Oraciones para la Familia y Amigos

Dibuja una Imagen

Oraciones para la Familia y Amigos

Dibuja una Imagen

Oraciones para la Familia y Amigos

Dibuja una Imagen

Oraciones para la Familia y Amigos

Dibuja una Imagen

Oraciones para la Familia y Amigos

Dibuja una Imagen

Oraciones para la Familia y Amigos

Dibuja una Imagen

Oraciones para la Familia y Amigos

Dibuja una Imagen

Diario de Gratitud

Fecha: _____

Todas las cosas hermosas en mi vida por las que hoy estoy agradecida a Dios

Diario de Gratitud

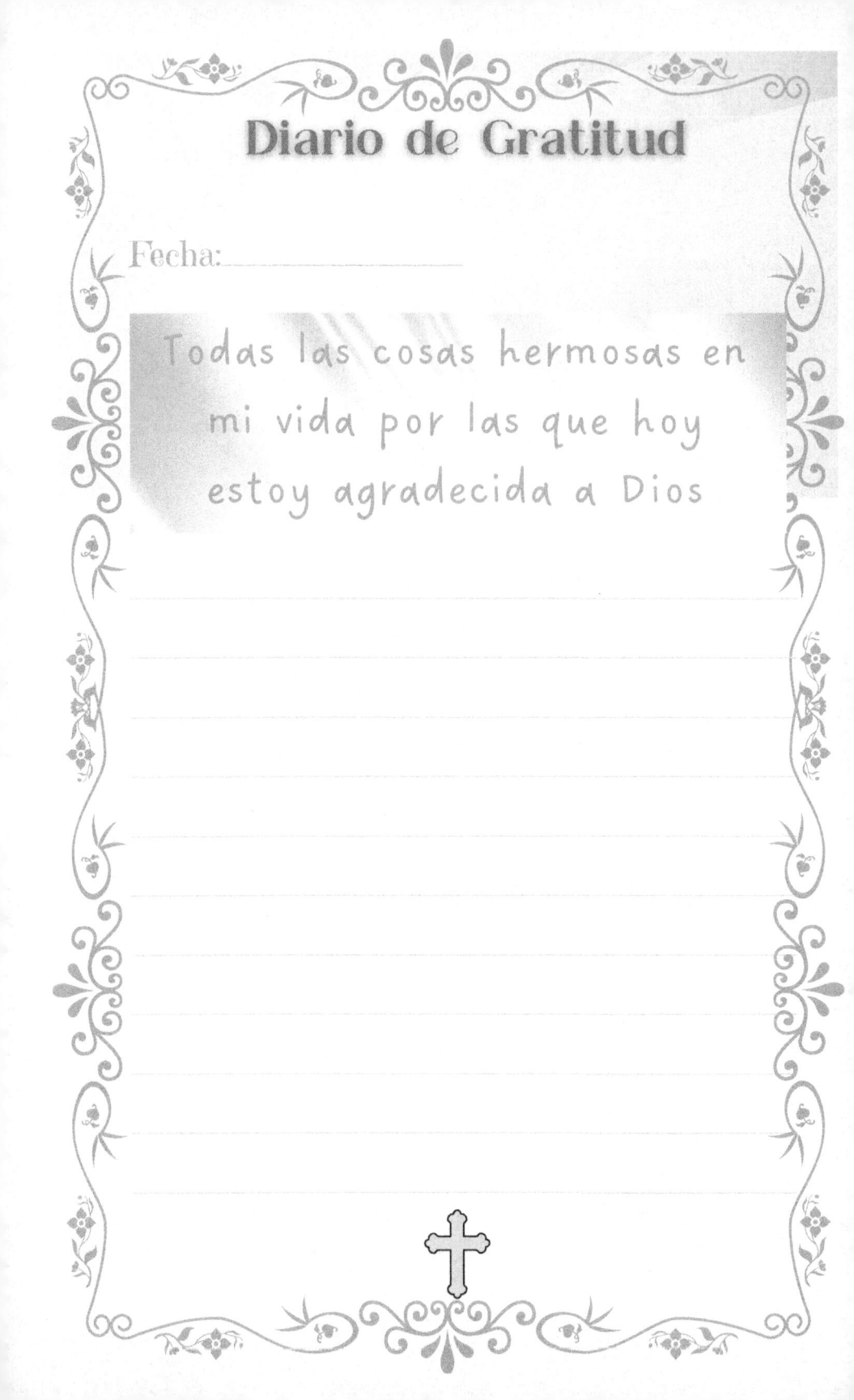

Fecha:_____

Todas las cosas hermosas en mi vida por las que hoy estoy agradecida a Dios

Diario de Gratitud

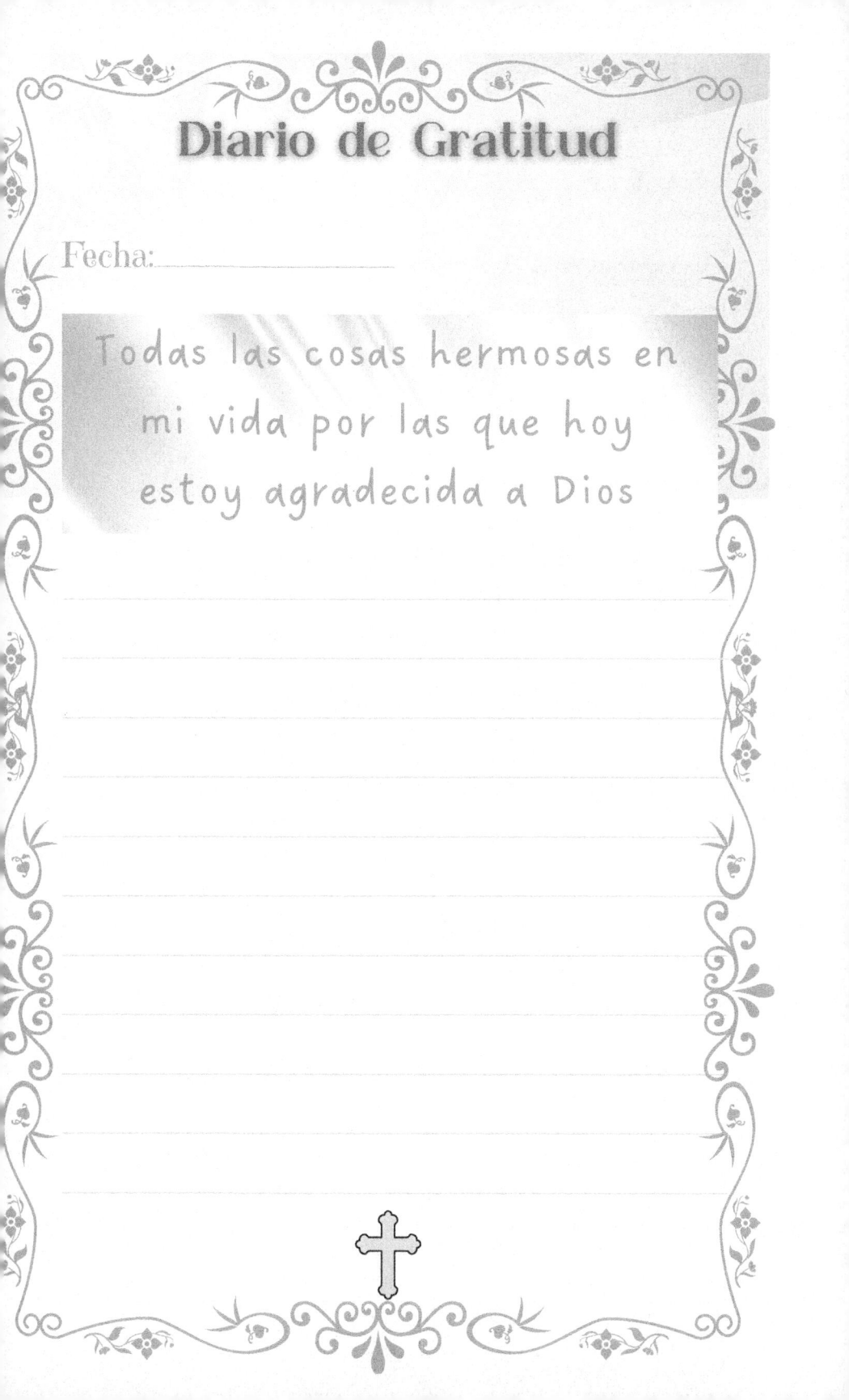

Fecha:_____

Todas las cosas hermosas en mi vida por las que hoy estoy agradecida a Dios

Diario de Gratitud

Fecha:_____

Todas las cosas hermosas en mi vida por las que hoy estoy agradecida a Dios

Diario de Gratitud

Fecha:

Todas las cosas hermosas en mi vida por las que hoy estoy agradecida a Dios

Diario de Gratitud

Fecha:_____

Todas las cosas hermosas en mi vida por las que hoy estoy agradecida a Dios

Diario de Gratitud

Fecha:_____

Todas las cosas hermosas en mi vida por las que hoy estoy agradecida a Dios

Diario de Gratitud

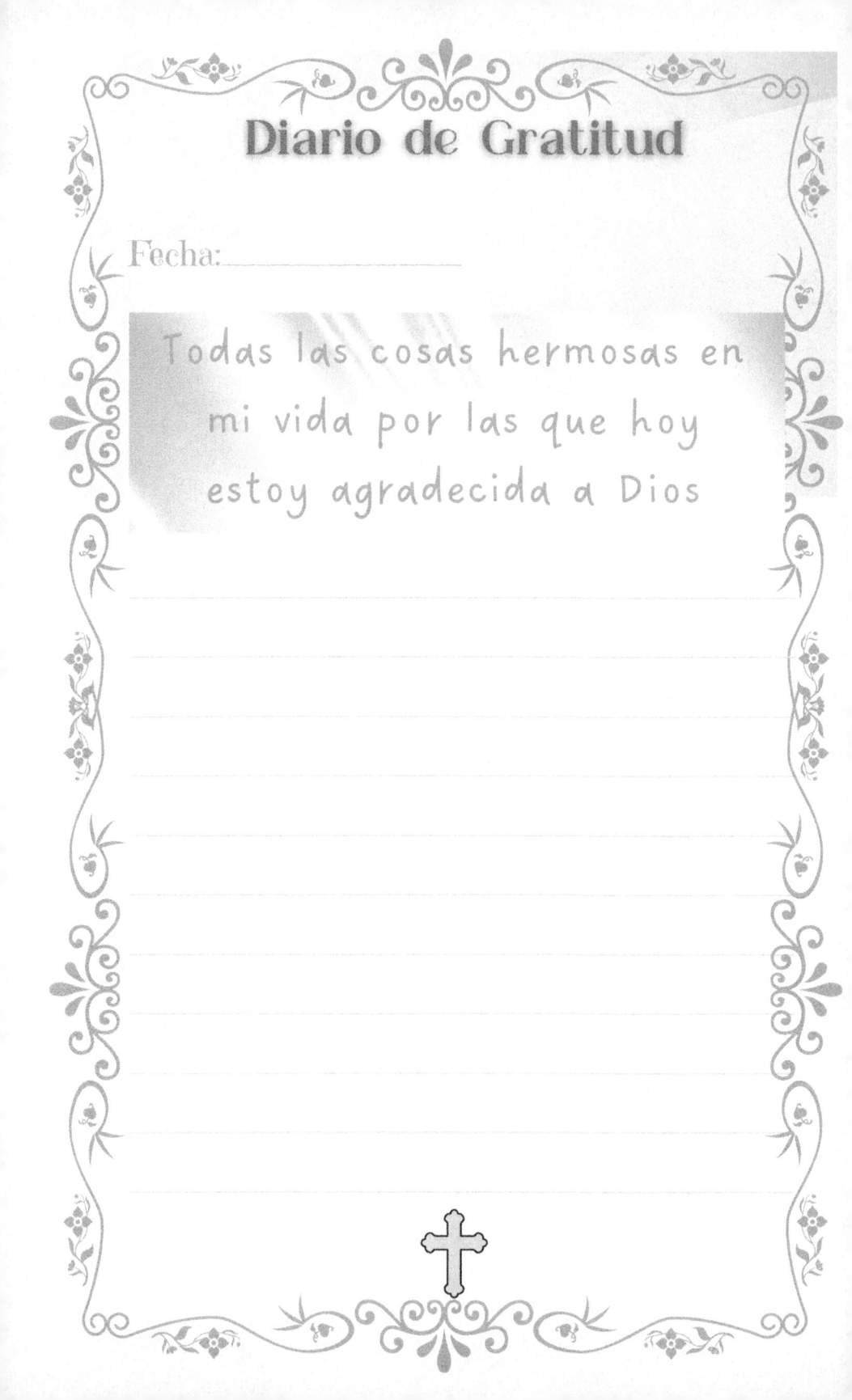

Fecha:_____

Todas las cosas hermosas en mi vida por las que hoy estoy agradecida a Dios

Diario de Gratitud

Fecha: _____

Todas las cosas hermosas en mi vida por las que hoy estoy agradecida a Dios

Diario de Gratitud

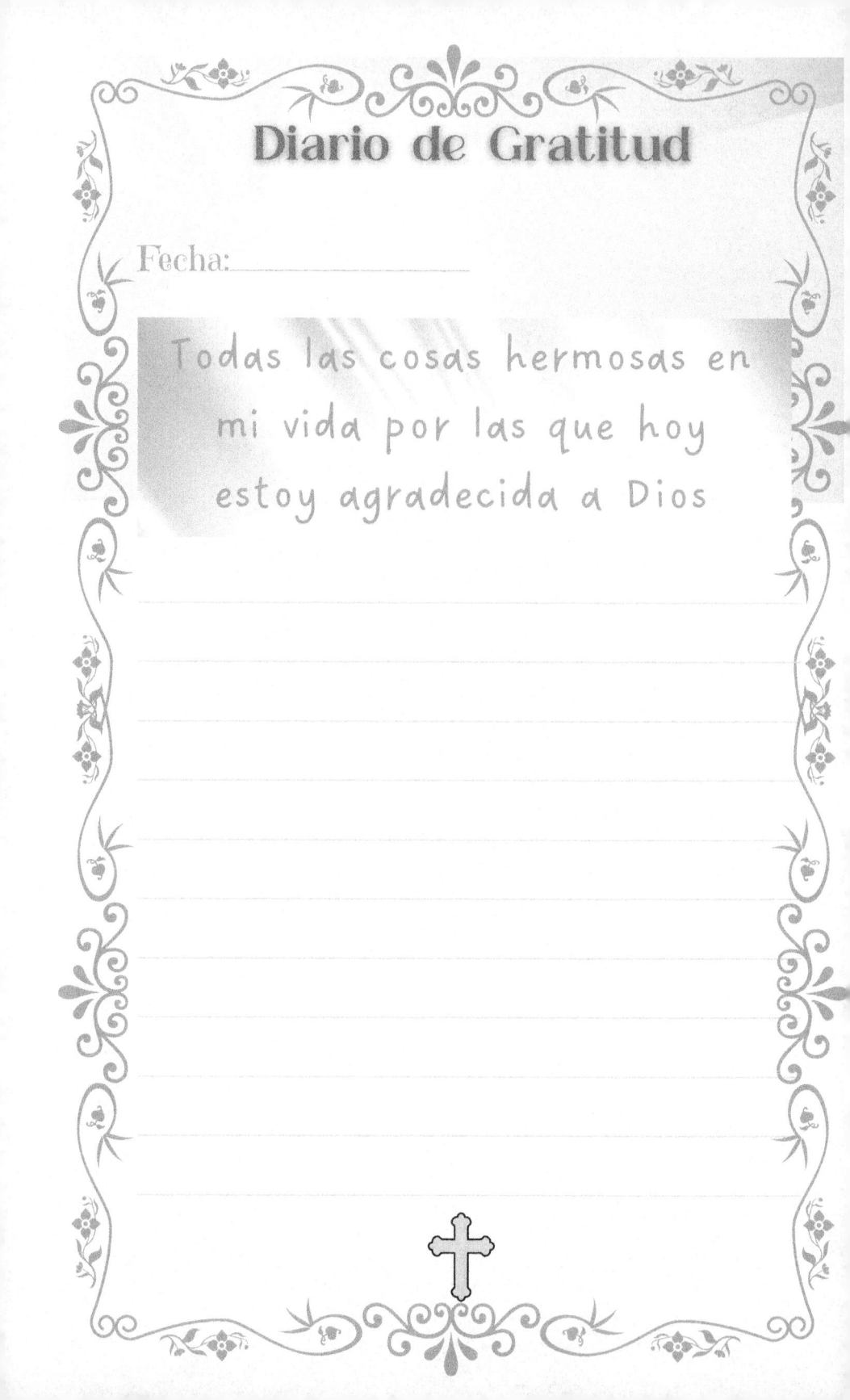

Fecha:_____

Todas las cosas hermosas en mi vida por las que hoy estoy agradecida a Dios

Diario de Gratitud

Fecha:_____

Todas las cosas hermosas en mi vida por las que hoy estoy agradecida a Dios

✝

Diario de Gratitud

Fecha:_____

Todas las cosas hermosas en mi vida por las que hoy estoy agradecida a Dios

Diario de Gratitud

Fecha:_____

Todas las cosas hermosas en mi vida por las que hoy estoy agradecida a Dios

Diario de Gratitud

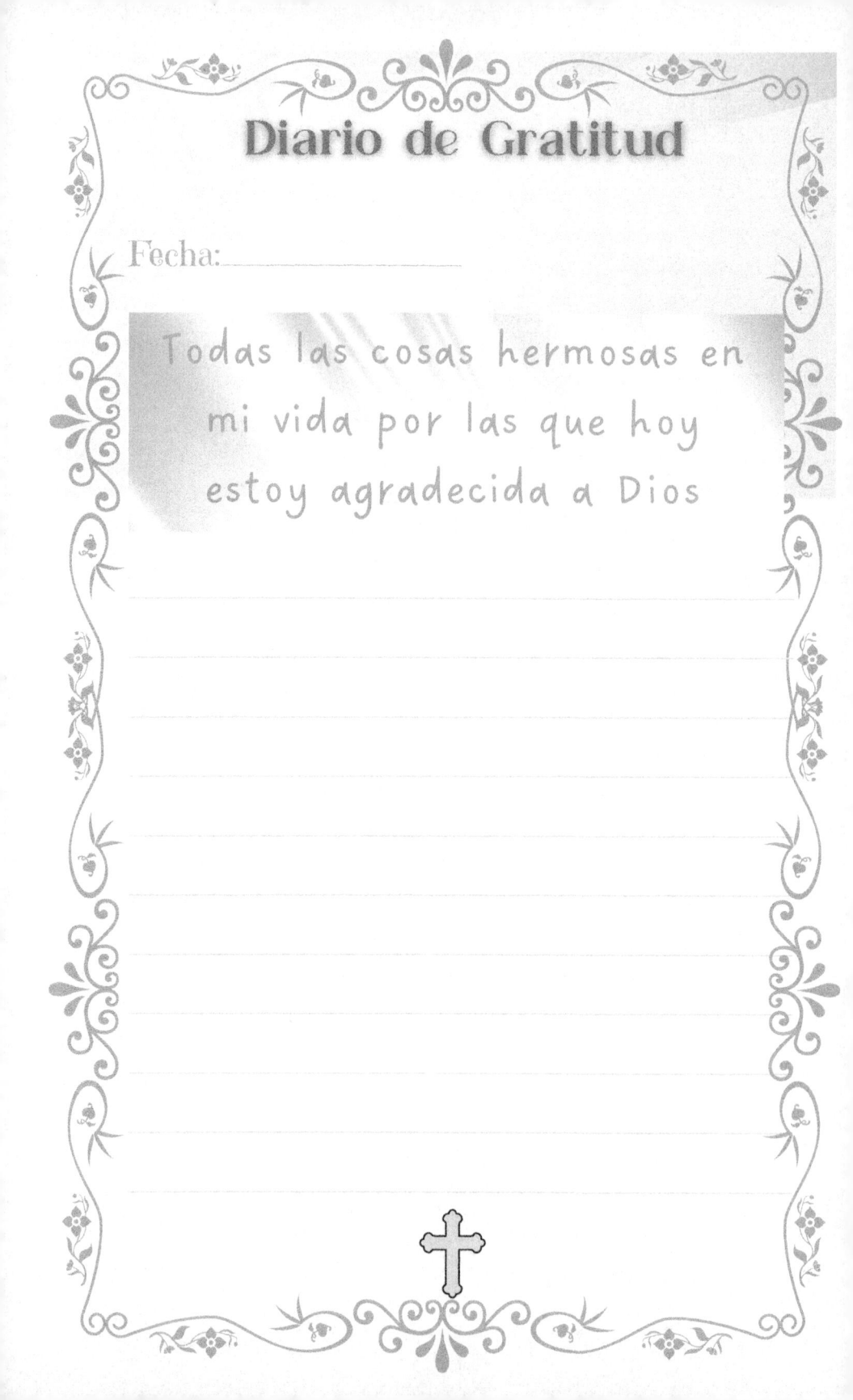

Fecha:_____

Todas las cosas hermosas en mi vida por las que hoy estoy agradecida a Dios

Diario de Gratitud

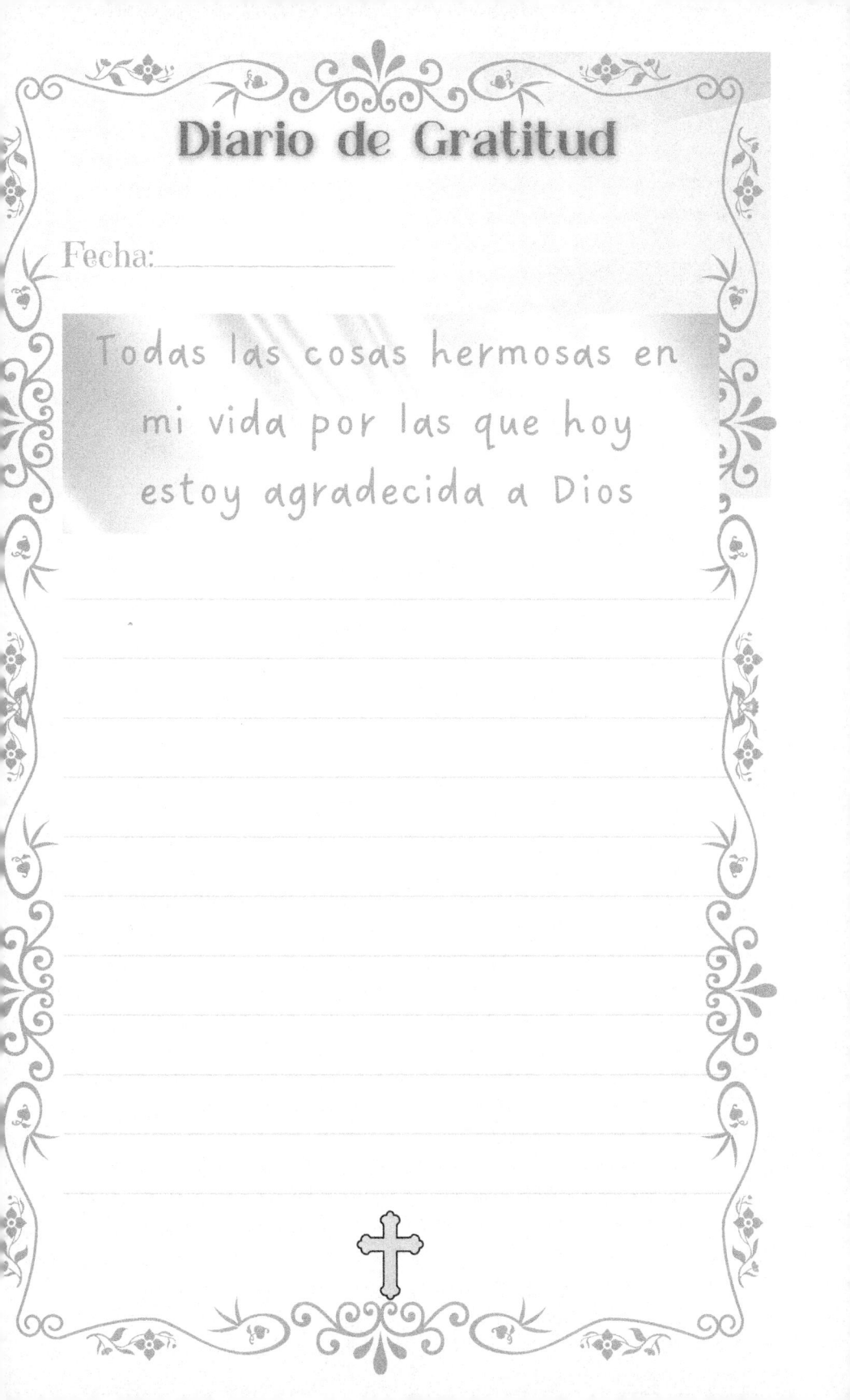

Fecha:_____

Todas las cosas hermosas en mi vida por las que hoy estoy agradecida a Dios

Diario de Gratitud

Fecha: _____

Todas las cosas hermosas en mi vida por las que hoy estoy agradecida a Dios

Diario de Gratitud

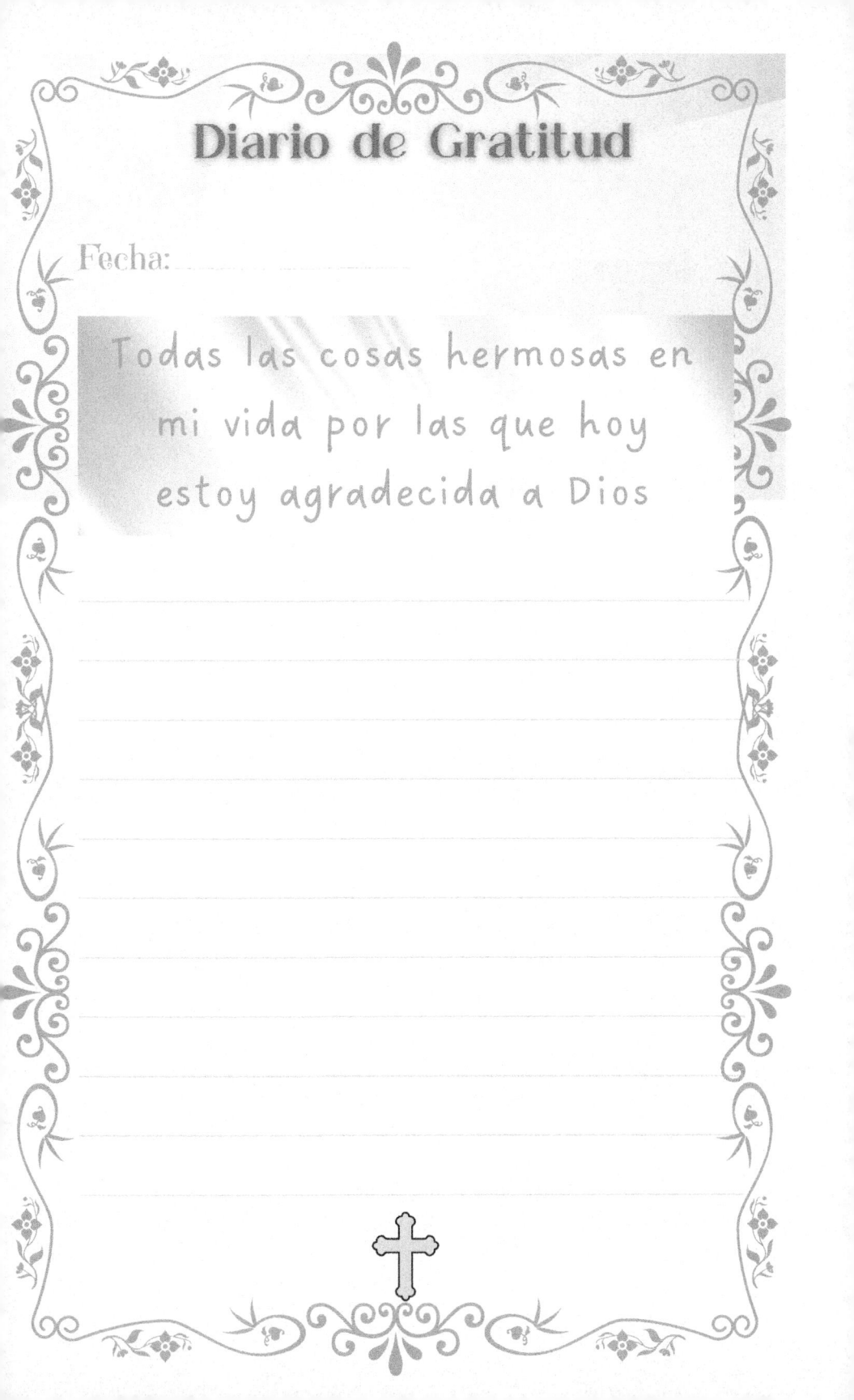

Fecha:

Todas las cosas hermosas en mi vida por las que hoy estoy agradecida a Dios

Diario de Gratitud

Fecha:_____

Todas las cosas hermosas en mi vida por las que hoy estoy agradecida a Dios

Diario de Gratitud

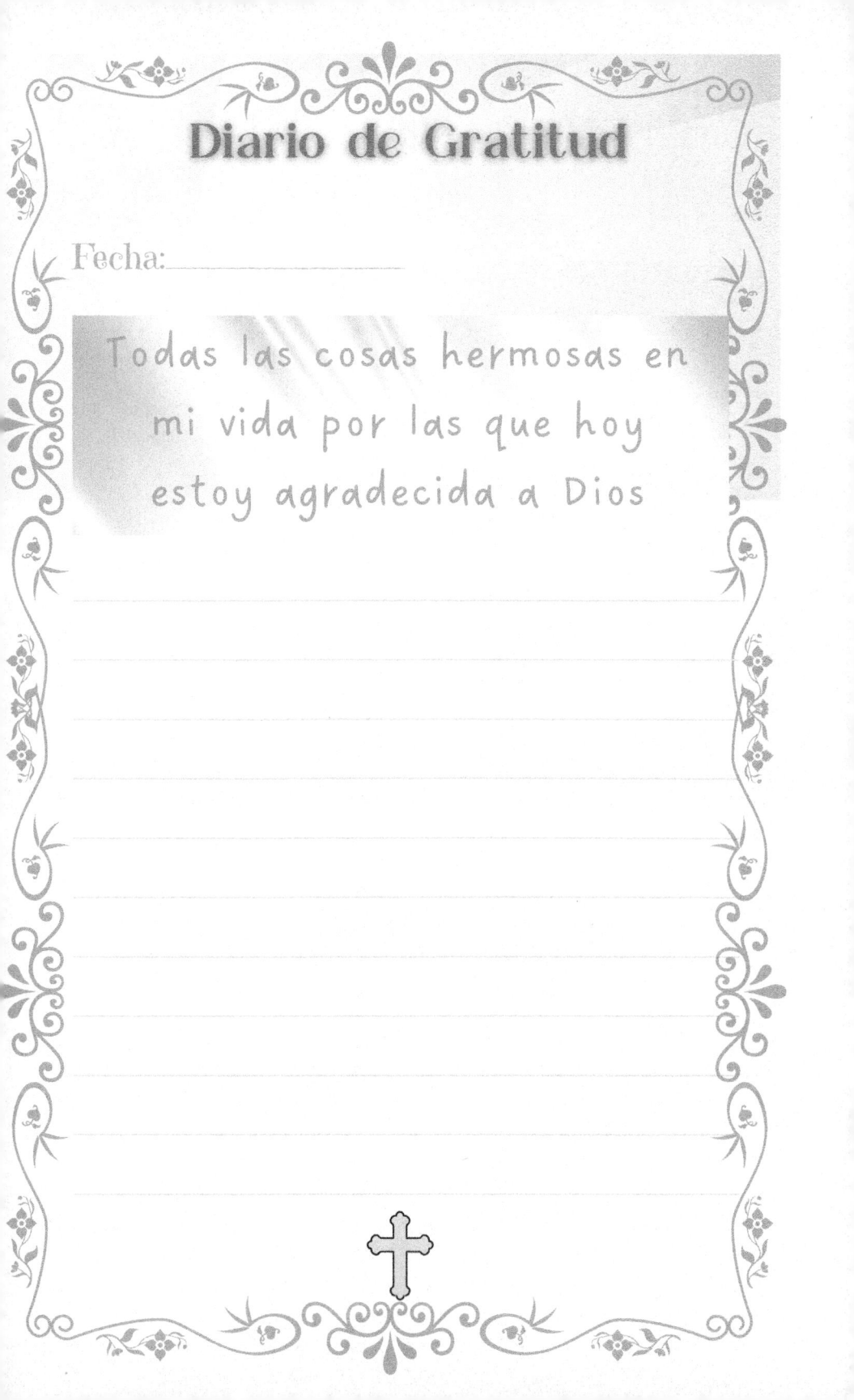

Fecha:_____

Todas las cosas hermosas en mi vida por las que hoy estoy agradecida a Dios

Diario de Gratitud

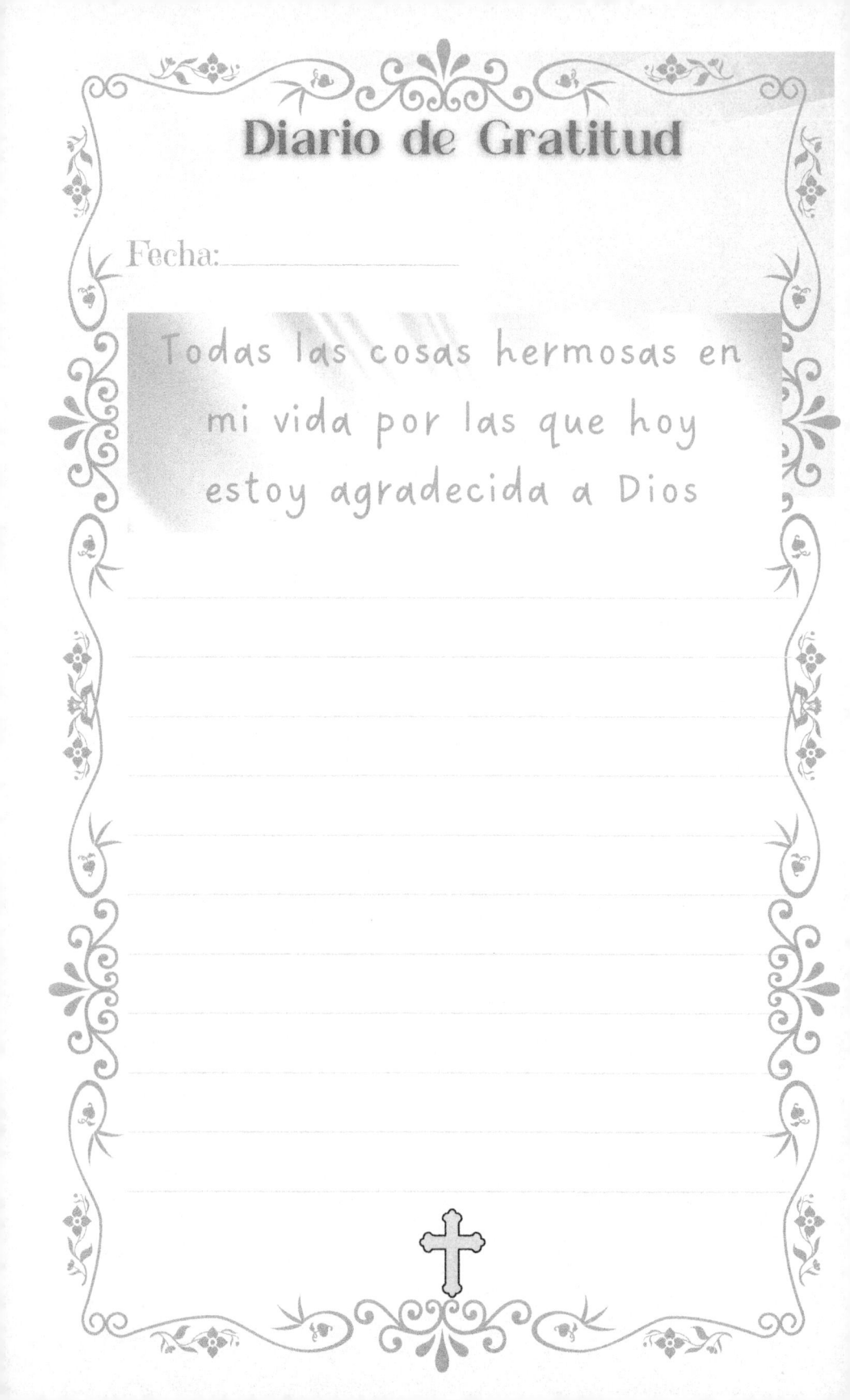

Fecha:_____

Todas las cosas hermosas en mi vida por las que hoy estoy agradecida a Dios

Diario de Gratitud

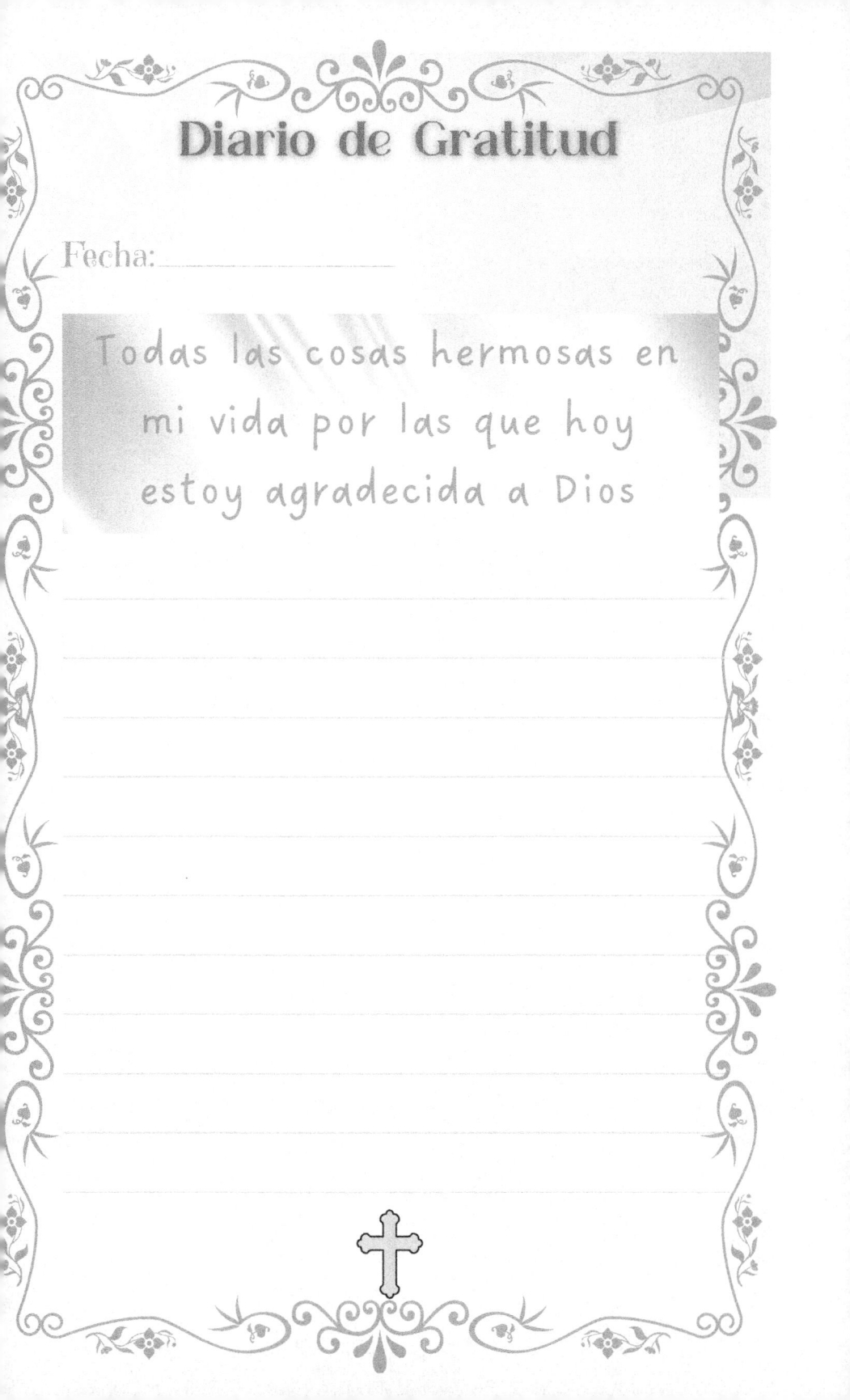

Fecha:_____

Todas las cosas hermosas en mi vida por las que hoy estoy agradecida a Dios

Diario de Gratitud

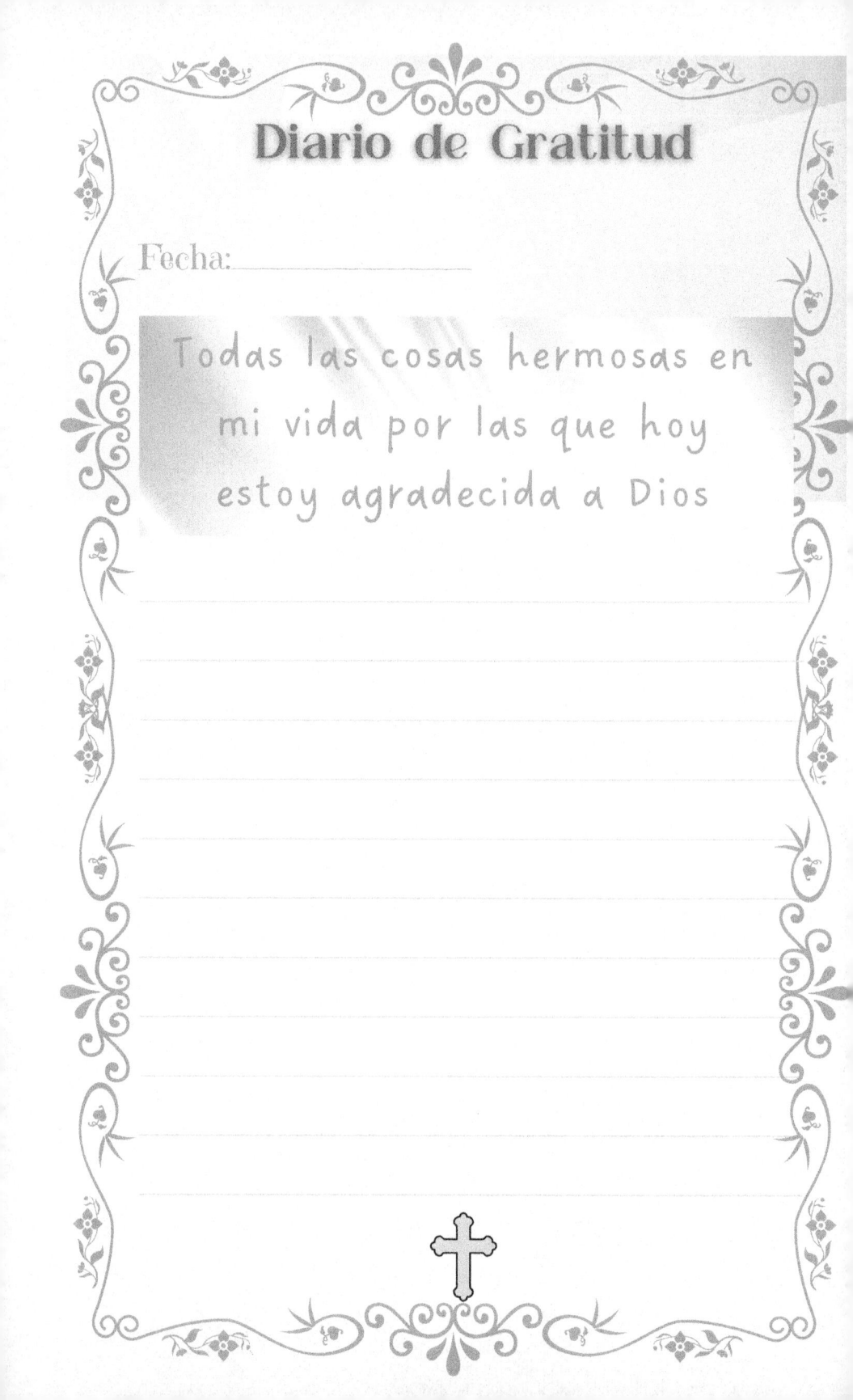

Fecha:_____

Todas las cosas hermosas en mi vida por las que hoy estoy agradecida a Dios

Diario de Gratitud

Fecha:_____

Todas las cosas hermosas en mi vida por las que hoy estoy agradecida a Dios

Diario de Gratitud

Fecha:_____

Todas las cosas hermosas en mi vida por las que hoy estoy agradecida a Dios

†

Diario de Gratitud

Fecha:_____

Todas las cosas hermosas en mi vida por las que hoy estoy agradecida a Dios

†

Diario de Gratitud

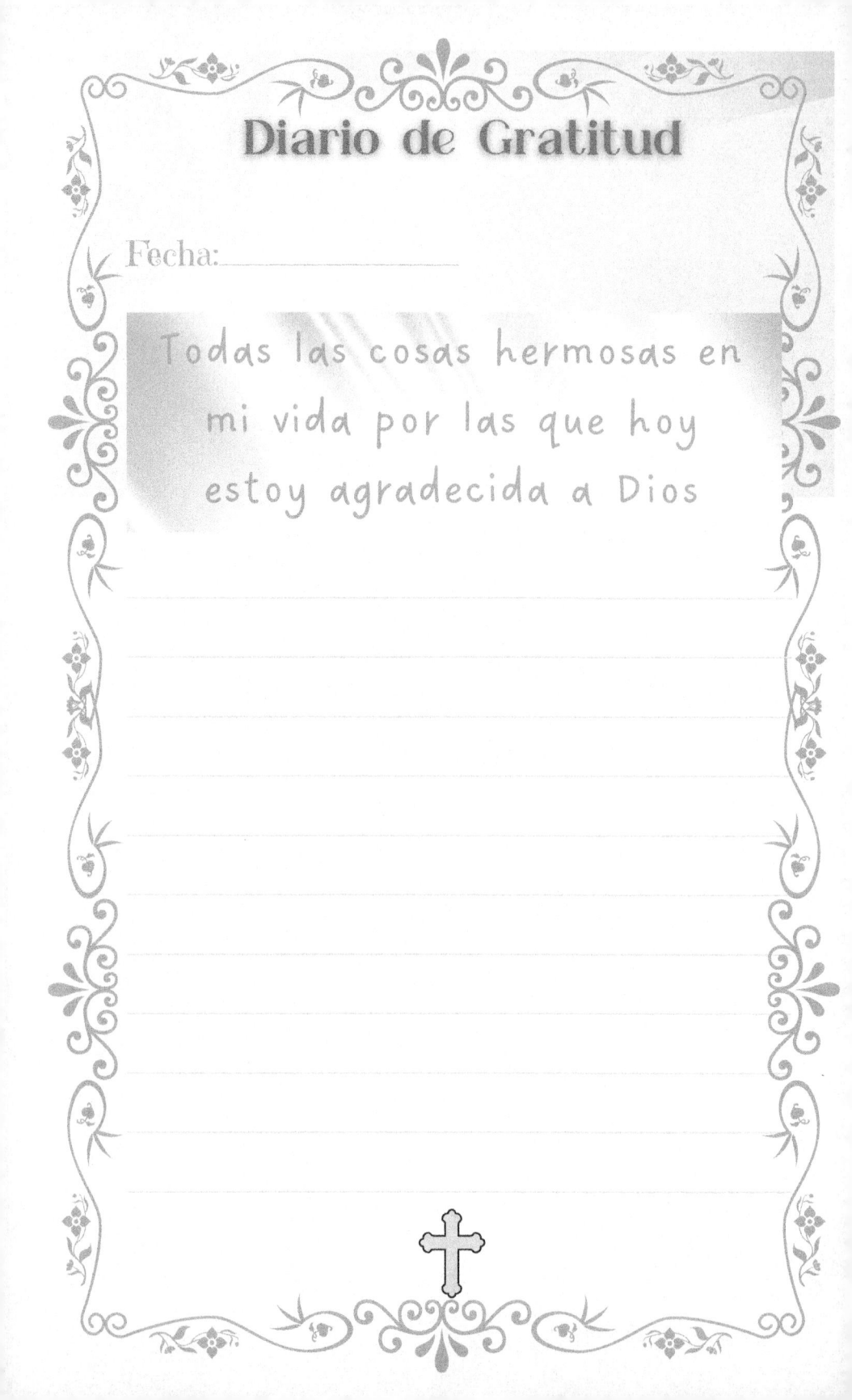

Fecha:_____

Todas las cosas hermosas en mi vida por las que hoy estoy agradecida a Dios

Diario de Gratitud

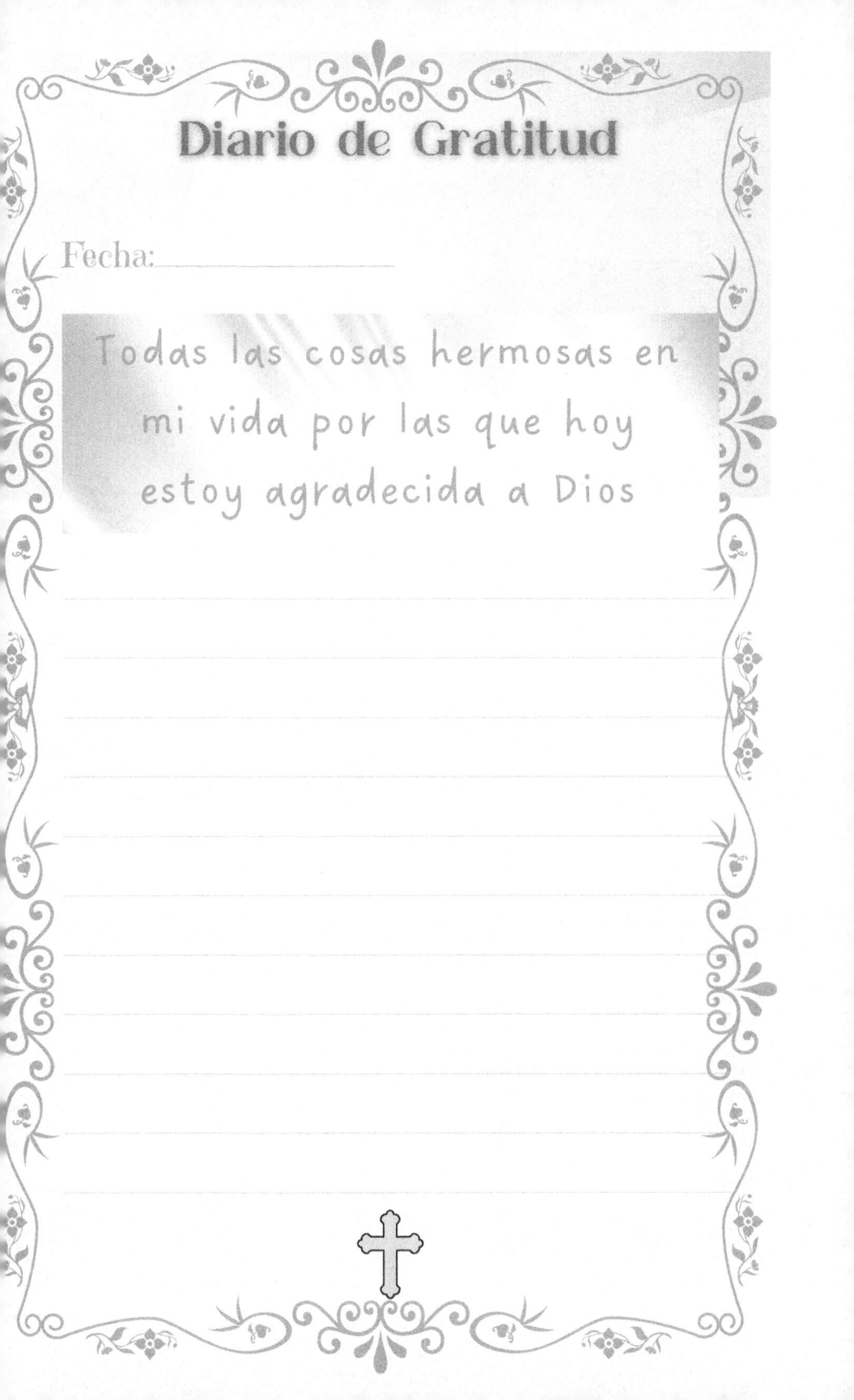

Fecha:_____

Todas las cosas hermosas en mi vida por las que hoy estoy agradecida a Dios

Diario de Gratitud

Fecha:_____

Todas las cosas hermosas en mi vida por las que hoy estoy agradecida a Dios

Diario de Gratitud

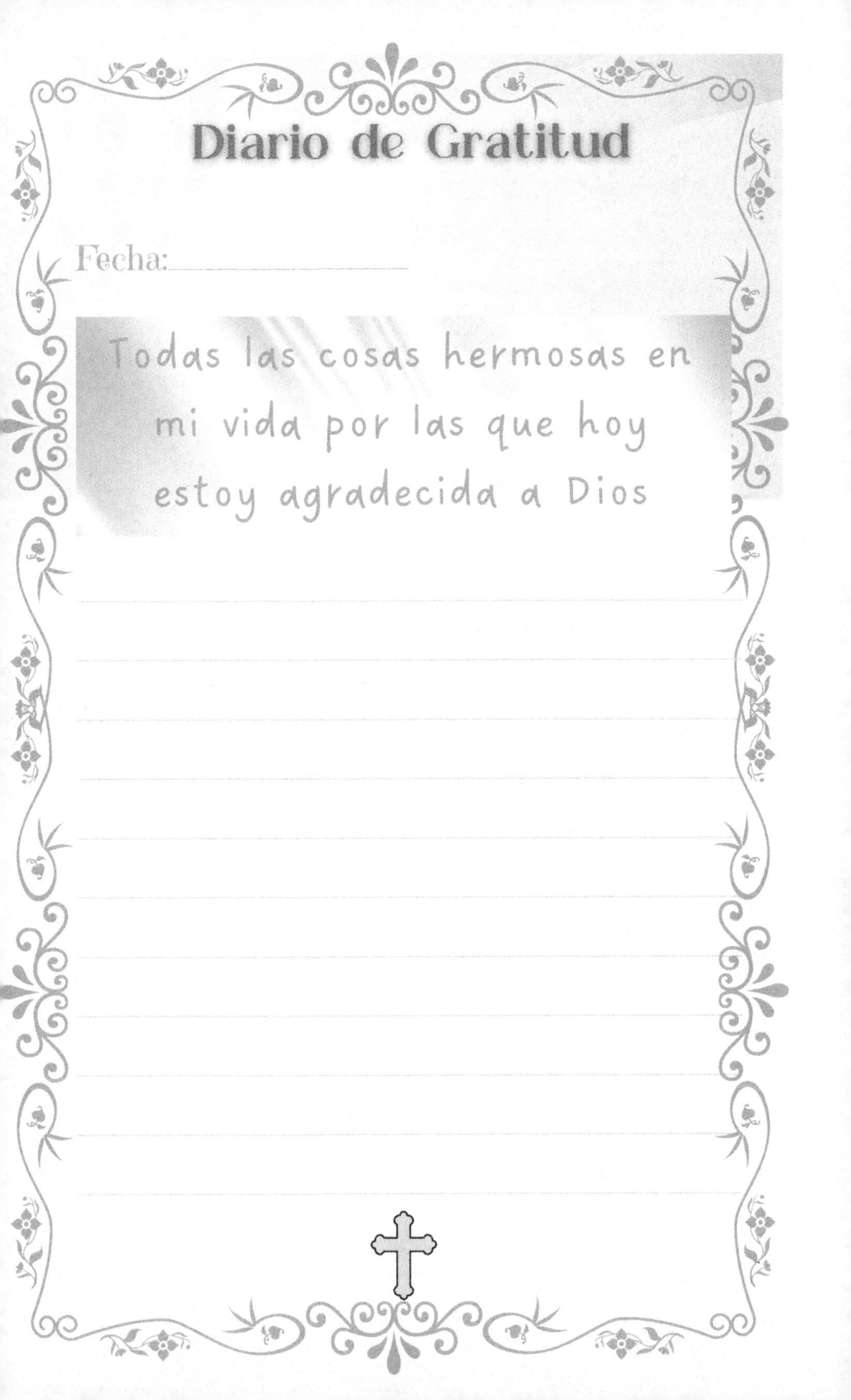

Fecha:_____

Todas las cosas hermosas en mi vida por las que hoy estoy agradecida a Dios

Diario de Gratitud

Fecha:_____

Todas las cosas hermosas en mi vida por las que hoy estoy agradecida a Dios

Made in United States
Orlando, FL
02 May 2024

46416276R00068